신국현 백두산 제2시집

영산(靈山)의 숨결 꽃 피우다

새로운 세상의 숲
신세림출판사

신국현 백두산 제2시집

영산(靈山)의 숨결 꽃 피우다

정녕, 성스러운 영산이여

개벽으로 열린 세상
창망하고 유한하지
天地를 각분할 때
山川은 別類지라
곤륜산 뻗은 줄기
칠간방에 혈이 솟아
고봉만장 십육 봉이
백두산의 위용으로
웅비의 도약할 날
시기를 관망컨만
유랑객의 인의지로
왕래객을 제한하니
서러워라 이내 심을
어이다 전하리오
자천자 환웅신이

백두대간 하사할제
사방으로 삼천리가
해동국의 지경인데
자중지란 우매함이
척분으로 갈라서니
앞발톱 빠진 범이
제몸인들 가눌손가
광활한 우리 성산
방랑자 가슴으로
옛골물 흘러흘러
창해로 흘러가고
산과나무 꽃과 숲은
한결같은 그 자린데
문패 걸은 세인들은
갈 지자로 걸어본들

지경없는 저 하늘에
흰구름 흩어지듯
부질없는 인생살이
남가지몽 아닐런지

2008년 8월 초 서파 산문 등정길에 올랐다.
이도백화에서 새벽3시 출발할 때부터 내리는
비는 그칠 줄 모르고 임도를 달리는 차창 밖은
빗물 반 나무 반 숲만 보았다.

제자하에 도착하니 아침 7시 등반은 지리하
고도 험난했다. 그칠 줄 모르는 비와 안개와 구
름의 사투였다. 잠시도 그칠 줄 모르는 비의 속
내를 알 수 없었다. 일행 42명 산행은 즐거움은
고사하고 턱곳는 숨소리 뿐이었다.

산행 중 가이드가 완주하겠냐고 물었다. "왜?"
했더니 일행 중에 내가 최고령자라 걱정되서
그런다고 하기에 "천지에 누가 먼저 가는지 보
소."하고 맞장구쳤다.

백두산 산령의 원력인지 천지에 제일 먼저 도착하니 오후 6시 쯤이었다. 한 참 쉬고 있으니 후진들이 하나 둘 오기 시작했다.

　악천고투 끝에 한 사람도 낙오자 없이 완주, 하산 후 호텔에서 자축연을 하고 자고 나니 언제 비가 왔느냐는 듯이 그야말로 찬란한 아침이었다. 백두산 날씨치고는 최상급이란다. 이런 날이 일 년에 4~5일뿐이란다.

　이런 호기를 놓칠 수 없어 휴식으로 아침을 대신하고 천문봉으로 향했다. 과연 별류천지 장관이었다. 역시, 백두산령은 명철하면서도 세인들 다루는 법이 범상치 않았다. 음음하다. 다섯 번째 시야로 볼 수 있는 장관, 비경이야말로 성스러운 영산이었다.

신국현

차례

영산의 숨결 꽃 피우다

영산(靈山)의 숨결 꽃 피우다

이도백하의 저녁

1.

이도백하의 하늘빛은
언제나 이러한가

저녁 굶은 시어머니
심통난 기색이라

속내를 알 수 없어
음산하기 그지없네

2.

낙조에 들인 그늘
비조를 탓하랴만

다닥다닥 난전거리
풍물시장 같은 것이

우리나라 재래시장
옮겨 놓은 것과 같네

3.

난가게 좌판대에
즐비한 과일중에

석류알에 군침돌아
천원어치 사고보니

열 사람이 나누어도
풍족한 양이었네

4.

이경부터 내리는 비
걷힐 기색 전혀 없어

첫새벽 등정길에
달갑지 않지만은

서파능선 잡은 일정
변경할 수 없었다네

5.

우룩주룩 오는 비야
속없이 내리지만

임도를 향한 차창
빗줄기 부수면서

지척길 분간 못해
아쉬움만 남았다네

임도를 지나며

1.

준마 대신 차를 타고
임도에 들어서니

하늘 가린 원시림이
세월을 탓했을까

바람의 물결따라
부러지고 꺾이어도

그 자리 굳건하게
말없이 서있다네

2.

하늘을 찌를 듯한
울창한 숲속길에

새벽을 여는 아침
빗소리 사납구나

이색적인 자연풍광
보지못해 아쉽지만

의연한 나무처럼
여유롭게 살고싶네

3.

안개가 꽃뱀처럼
꼬리를 살랑이며

임도의 초목들을
알몸으로 휘감으니

짜릿한 성감대에
촉촉한 분비물이

햇살이 퍼지기 전
이슬로 맺혔다네

제자하

1.

먹장구름 산안개
겹겹이 덮였지만

하늘에는 밝은 해
숨김없이 솟았는데

먼 발치 혼몽세계(昏懞世界)
제 갈 길 찾고 있네

2.

원시림 우거진
임도를 벗어나자

물소리 낭낭하게
귓전을 울리기에

가던 발길 멈춘 곳이
제자하 물길이네

3.

흐르는 물이지만
나서는 게 싫었는가

천 길 벼랑 틈 사이로
청룡이 꼬리치듯

가는 길 어디메뇨
창해에 닿으리라

서파산문

1.

보이는 구름바다
밤같은 낮이었네

바람의 흐름따라
퍼붓는 빗줄기는

강신(降神)된 무녀처럼
희비의 춤을 추네

2.

떼구름 몰려들어
바람을 빗겨타고

오락가락 빗줄기로
유람객을 농락하니

이 땅을 내어준 죄
이리도 가혹한가

3.

천만 리 나들이길
요행으로 여길래도

내 마음 한 구석에
텅 소리가 절로 나니

문헌의 선구자들
설혼(雪魂)의 탓이겠지

고산화원 (야생화)

1.

사랑스런 수줍은 꽃
비바람도 휠란한데

간드러진 고갯짓이
더더욱 아름답고

줄줄이 이어진
저마다 고운 자태

발길 멎은 나그네
한없이 취했다네

2.

자연이 가꾼 화단
할 말은 잊었다네

천연의 채색무늬
혼자 보기 아까워라

한 줄의 시문으론
글귀가 모자라고

동공에 담자하니
깊이가 모자랐네

3.

팔 벌린 가슴으로
한아름 안자 하나

야생으로 자란 습성
가늠키 어려워라

그냥 두고 갈까 해도
오금을 뗄 수 없어

봉접(蜂蝶)이 아닌 내가
못내 못내 아쉬웠네

4.

흐드러진 꽃속에서
잠시 머문 일순간에

일상의 끈을 놓고
극락이라 착각해도

손색없는 이 장면을
필설로 적어본들

표현할 말이 없어
무심히 빠졌다네

5.

이꽃저꽃 각양각색
어여쁘고 미쁘다네

벌나비 입맛따라
향기도 다양하니

이만한 꽃잔치가
세상에 없다해도

십일홍 정한 수명
모질고 질기다네

6.

내가 핀 이땅에
문패가 바뀌었어도

물소리 바람소리
새소리 그대로인

그 옛날 그 자리에
기다리는 님이 있어

울긋불긋 화전놀이
세세년년하고 있네

왕지에 서서

1.

언제인지 모르지만
못 지 자 이름 달고

풀과 꽃 모인 자리
별빛마저 쉬게 하는

당신의 가슴 속엔
태초의 진기록이

물살을 가르면서
하얗게 웃고 있네

2.

연년이 다가오는
이 날을 기다리며

견우와 직녀성이
이별할 때 흘린 눈물

모세의 바람결에
왕지로 흘러들어

목마른 수목들의
모유가 되었다네

3.

바람에 할킨 사랑
안개에 젖은 사랑

유정다정 흘린 눈물
한 곳으로 모여드니

하현달 쪽배 띄운
은하수 물결처럼

님이 아닌 님을 본 듯
황홀한 순간이네

금강대협곡

1.

빙 둘린 층암절벽
천연요새 이루었네

조물주의 습작으로
절묘하게 빚어놨네

오만군상 다각도로
진을 치고 벌려서서

이 강산 옛 주인을
다시 찾을 기상이네

2.

천만 번 오판 기록
임시 변통한다지만

지축의 대세는
오차없이 다가오니

한 시대 영웅이라
붓자루 휘둘러도

조석으로 변하게는 게
자연의 섭리라네

3.

하늘 향한 석주들이
붓끝처럼 솟은 뜻은

지령의 뜻을 받아
사기(史記)를 적었거늘

중원의 학자들은
황당한 필을 날려

차후에 인면수심
무엇으로 씻을건가

4.

황막한 이 산천을
고군분투 전전하며

피 토한 자리 자리
혼을 뿌려 일궜는데

질풍 같은 난기류가
느닷없이 들이닥쳐

잠시잠깐 비운 사이
제영토라 우겨대네

5.

무궁화 붉은 꽃잎
피고짐이 근본이나

족쇄 물린 발가락에
선혈이 낭자한데

약삭빠른 이식술로
원숭이발 달고서서

사학자라 자칭하며
천기를 거스르네

노호매

1.

하늘 향한 봉우리들
원근이 보이는데

해와 달 가린 구름
사나운 심성이라

앞바람에 비 뿌리고
뒷걸음에 안개 뜨니

아랫도리 휘감기어
자욱띠기 힘겨워라

2.

갈 길은 아득하고
처지는 발걸음에

중천에 젖은 안개
땅위로 내려앉아

걸음 뛰는 자국마다
먼지처럼 깔리는데

편서풍 한 줄기가
간신히 길을 트네

3.

귀신의 조화인가
험난하게 누운 산세

호랑이 등줄기를
겁 없이 올라서니

경계비 이름 석자
가시처럼 눈에 띄어

언제쯤 이 산천에
포효소리 들릴 건가

4.

험준한 산길능선
높고도 가파르네

긴 여정 외자욱길
목마른 심신인데

즐비한 물줄기는
백화같이 피었건만

촉시*로 먹는 물은
갈증에 소용없네

_____

*촉시(觸示):하등동물의 촉각을 맡은 기관, 흔히 입 언저리에 있음.

5호 경계비 앞에서

1.

바람소리 들리네
구름이 울고 있네.

조상들 한숨소리
선각자 눈물이여

한맺힌 가슴팍을
한없이 치고싶네

원한에 사무친
환영의 그림자여

경계비 이름 석자
지워달라 하더이다

2.

세월의 붓끝으로
속사로 적은 사연

경계비 푯말 위에
수십 척 쌓아본들

칼집을 잃은 칼날
허공에 울고 있고

둥지 잃은 날짐승은
가지마다 전전하니

타다남은 인골마저
눈을 감지 못하겠지

3.

국경을 갈라놓은
산마루 능선 위에

산행길 발걸음은
천근만근 무거운데

사나이 품은 생각
끝간 데 있으련만

거친 바람 날 세우고
발길을 재촉하니

아마도 흘린 세월
조급한 마음일까

4.

하늘이 우는 절분
천둥이 대신하고

이 마음 통분함을
빗물로 쓰러내려

국경의 비석돌을
흥건히 적셔주며

점점이 깎다보면
지워질 날 있으리니

먼 훗날 그 자리에
태극기 꽂으리라

5.

우매한 조중경계
참담한 현실이네

성벽 없는 성 앞에서
짐승처럼 서고보니

한없이 부끄러워
말문이 막혔노라

그래도 갈 길 멀어
돌아서는 뒷모습에

성근 바람 한 줄기가
후일을 기약하네

녹명봉

1.

급한 비에 꽃과 돌은
부딪히며 놀아나고

희뿌연 는개비는
풀잎에 히즈릴 때

녹명봉 상상루엔
영약이 가득해도

신선이 아닌 눈엔
부석으로 보인다네

2.

날개 젖은 까막까치
구름둥지 오가면서

세상의 흑백논리
소리로 우짖건만

뚫린 귀가 밝지 못해
새소리로 치부하니

녹명봉 영민한 령
개탄소리 천둥 같네

3.

바람의 파도에
물결 같은 빗줄기는

노젖는 사공을
한없이 괴롭히니

돛대 없는 항해길에
부러진 삿대로

녹명봉 갈 수 없어
자초되고 말았다네

마천루를 오르며

1.

바람의 광란끼에
갈 길 잃은 빗줄기는

만취한 취객처럼
분별없이 파고들고

뼈 없는 안개띠가
발목을 휘감으니

길고 긴 비탈길은
지루하고 험난하네

2.

빗줄기 올을 날아
짜아서 발을 치고

손으로 가린 하늘
험상궂기 그지없어

움츠린 등산길이
순탄치 않지만은

내친 걸음 자욱자국
본심을 심었다네

3.

송곳 같은 빗줄기가
양볼을 후벼파네

삭막한 암벽고개
거미가 줄을 타듯

심심은 쇠잔한데
의욕으로 넘자하니

아마도 선영들도
이 길을 걸었겠지

4.

높고높은 사래길에
비석은 못세워도

한 소절 글로나마
사리를 밝히노니

뜬금없는 역사왜곡
이제는 그만하고

대국의 넓은 아량
만천하에 밝히소서

5.

아득한 이 산천에
물줄기 벗을 삼아

하심(河心)으로 돌아드니
물안개 앞을 서고

바람에 짓눌린
휘어진 가지 끝에

살같이 퍼붇비가
폭포처럼 쏟아지네

차일봉

1.

바람에 꺾이었나
구름에 짓눌렸나

크다만 풀과 나무
엎드린 자세건만

제철에 꽃과 잎을
차일봉에 피웠다네

2.

물결처럼 희뿌연 길
뜬구름이 발에 걸려

차일봉 갈 수 없어
까칠한 심정인데

바람에 실린 영(靈)이
내 마음 안아주네

3.

신선한 산정기가
차일처럼 덮였어도

사악한 일기 탓에
자아를 찾지 못해

감응은 받았지만
참뜻은 알 수 없네

청석봉을 바라보며

1.

모서리길 돌고돌아
청석봉 쳐다보니

구름은 하늘 같고
바람은 꼬리치니

움직이는 초목 숲은
옛 주인을 만난듯이

잎새에 고인 빗물
눈물같이 떨구누나

2.

눈앞에 즐비한 산
모양도 각각이듯

천고의 흥망성쇠
낱낱이 보았건만

북녘땅 검은 구름
언제쯤 걷힐는 지

세상사 어우렴이
심상치 아니하이

3.

설친 잠 꿈속에서
대도를 걸었지만

오늘은 좁은 산길
청석봉 접어드니

검푸른 석조각이
탑처럼 쌓여있어

보는 이 가슴마다
기기(奇奇)한 모양이네

4.

팔 월에 산행길은
만만치 않았으이

괴이한 암벽고개
고사목 누워 있고

모가 난 돌부리는
창날같이 솟아있어

휘청대는 걸음걸음
외줄 타듯 걸었다네

백운봉을 오르며

1.

백운봉 아래에는
구름차일 막막하여

자욱길 비바람에
발걸음은 뒤뚱대고

요통의 번거로움
날씨를 탓하랴만

질풍의 산행길이
버겁기 그지없네

2.

바람으로 빗살 치고
땀으로 미역 감는

안고지고 걷는 길이
감당하기 힘들어도

영험한 성산령이
품안으로 불러들여

사대육신 강건하게
두루편답하라 하네

3.

온갖 나무 푸른 잎들
자유롭게 늘어지고

재는 시간 빗소리는
갈수록 거세지니

낮은 데로 임하는 물
순식간에 불어나서

온 산천이 폭포수라
선경이 따로없네

4.

종일토록 내리는비
하늘에 닿아있고

나뭇잎에 울림소리
방문객 가슴 치니

아마도 소리없는
아우성이 아닐는지

뚫린 귀로 들었지만
해석은 모호하네

용문봉에서

1.

용문봉 안개구름
배 시리는 모습 보니

청룡이 승천할 날
그리멀지 않았는데

아둔한 고집불통
대세를 거스르니

권불십년 정한 권세
이우는 달빛 같네

2.

치솟는 지형지세
용마의 기상이라

천지로 향한 모습
비룡의 형국이니

천기의 오묘함이
이리도 명확한데

소경 같은 세인들은
수렁길을 걸어가네

3.

일월이 화합하여
낮과 밤이 뚜렷하듯

지령의 밝은 정기
참뜻은 모르지만

미구에 천지영합
동방에 일어나니

성산의 삼천리에
상서로움 넘친다네

천지에서

1.

구름 걷힌 하늘 밑
기이한 장관이네

수청같이 맑은 물
천하에 드물건만

갈취당한 보물이라
제 위용 못 떨치니

아쉽다 지난 세월
탓해서 무엇하리

2.

천지로 가는 길에
다시 본 종덕사 터

옛 가람 흔적 없고
번뇌가 자랐는가

이름 모를 온갖 꽃이
자유로 자랐으니

도반의 맑은 심성
바람으로 스쳐가네

3.

불보살 닦은 공덕
오늘의 현실인가

때묻지 않은 산천
그 자체가 보옥인데

난립한 자유왕래
발걸음 잦아지니

바람에 실린 곡성
식견으로 들어보소

4.

천지연을 못본 사람
물 맑음을 어찌알랴

사방은 고봉으로
겹겹이 진을 치고

달문의 유수는
승사하로 내달리니

웅장한 장백폭포
장엄함이 그지없네

5.

달 문안 천지연에
옥하는 넘실대고

하늘 덮은 구름바다
변화무쌍 춤을 추니

수면에 비친 그림
용이 노는 형상인데

하늘의 묘한 이치
누구라 짐작하리

6.

북녘땅 신선바람
거침없이 오가건만

천하의 분단조국
알 수 없는 높이로다

천지연에 고인 물은
금빛 파란 물살인데

언제쯤 아홉 용이
여의주를 희롱할까

7.

춤추는 바람 끝에
하운이 흩어진 뒤

북쪽하늘 내산천이
세상에 드물건만

지척길 돌고돌아
천리인 양 바라보니

천하에 이런 일이
꿈이 아닌 현실이네

취룡온천

1.

용궁의 무남독녀
달거리 끝난 뒤에

가슴은 싱숭생숭
마음이 후끈 달아

수맥 혈 터진 곳에
끓는 물 뿜어내니

떡시루 김 오르듯
실안개 골을 덮네

2.

용머리 고개 들어
뿜어낸 물안개가

꽃구름 끌어안고
뼈 녹는 사랑으로

꽃마다 애무하며
한생전 살고프나

때 아닌 시샘바람
그냥 두지 않는구먼

3.

현무방 낙필봉을
골안개가 휘도는데

님 오실 나들목엔
미역물 데워 놓고

기다린 용녀아씨
애간장 태우련만

님소식 돈절하여
도석퇴가 되었노라

---

* 현무방 : 북쪽
* 미역물 : 목욕물
* 도석퇴 : 풍화작용으로 형선된 자갈이 중력작용으로 이동하다가 퇴적된 돌

천문봉 가는 길

1.

무심히 보았는데
오늘와 다시 보니

청홍의 채색단장
음양이 조화롭고

용마루 셋을 틀어
으뜸원자 형국이라

또렷한 천지휘호
비범한 서체로다

2.

우람한 붉은 기둥
누구를 기다리나

석양은 등이 굽어
어둠으로 내려서고

허기진 내 가슴은
잿빛으로 채웠건만

아쉬운 발걸음은
허공을 딛는 같네

3.

청남색 문패 걸어
천지가 호주라네

천지문 들락이는
억겁의 세월이여

물안개 헹굼질에
삼독(三毒)을 녹이련만

천지와 삼라만상
불멸의 상합일세

---

* 삼독(三毒) : 착한 마음을 해치는 세 가지 번뇌. 탐(貪)·진(瞋)·치(癡)

4.

미풍에 흩날리는
초점 잃은 저 구름아

뭉쳤다 흩어짐이
어제오늘 일이던가

천지문 지날 적에
반월에 가득 실어

천지에 띄워보면
별유천지 아닐는지

천문봉에서

1.

음음(陰陰)한 백두산도
지성이면 감천이라

다섯 번 등정으로
건곤이 합일하여

하늘문 활짝 열어
온 산천을 드러내니

창망한 우리 성산
시야가 모자라고

작은 가슴 안지 못해
탄성만 질렀다네

2.

천지조화 상생할 때
토(土)궁을 근원으로

곤륜산 뻗은 줄기
철간방에 혈이 솟아

백두산 십육 봉이
이름도 각각이듯

제각기 지닌영험
서기가 가득하니

동방제일 우리 성산
무한하고 창대하네

3.

장군봉 향도봉
해발봉 비루봉

백운봉 천문봉
화계봉 용각봉

천황봉 자하봉
용문봉 자암봉

청석봉 녹명봉
차일봉 철벽봉

모두가 각기 다른
영험한 성산이네

4.

우리 성산 조종봉은
장군봉을 중심으로

대좌혈 맺혔으니
군자지상 정좌하고

해발봉 향도봉은
청룡백호 안배하여

국운의 난세에도
오늘의 이르나니

천하제일 전 국토가
대 명당의 길지라네

5.

천문봉에 내린 햇살
노방주 비단길이

노독에 허탈한 몸
곰살맞게 다독이며

지난 천년 햇살 돋이
수없이 있었는데

천문하달 숨은 속뜻
아는 자 없더니만

오늘에야 감응 있어
반갑기 한량없네

6.

천문봉 정수리를
단숨에 올라서니

탁 트인 북녘 산하
멀고도 가까웁네

애틋한 그리움에
합장하고 비는 마음

내 조국 내 강산을
자유로 왕래하게

간절한 염원으로
오체투구했답니다

흑풍구

1.

여기가 어디메야
풍신의 길이라네

사처를 빠짐없이
샅샅이 뒤집다가

물 건너 숲을 지나
소로길 접어들 때

정분나 도망치는
여편네 후려치고

흙먼지 일으키며
살같이 내닫는다

2.

그대의 화냥기는
어디서 나오는지

햇살에 안겨보고
달빛을 탐해봐도

직성이 차지않나
가쁜 숨 몰아쉬며

묵밭을 휘젓다가
미인송을 흔들더니

노도같이 달려들어
사정없이 몰아치네

신국현 백두산 제2시집

영산의 숨결 꽃 피우다

초판인쇄 2020년 6월 10일 **초판발행** 2020년 6월 15일

지은이 **신국현**
펴낸이 **이혜숙**   펴낸곳 **신세림출판사**
등록일 **1991년 12월 24일 제2-1298호**

04559 서울특별시 중구 창경궁로 6, 702호(충무로5가, 부성빌딩)
전화 **02-2264-1972** 팩스 **02-2264-1973**
E-mail : shinselim72@hanmail.net

정가 10,000원

ISBN 978-89-5800-215-4, 03810